Aufgaben

für den

Unterricht in der Harmonielehre

Für die Schüler

des Dr. Hoch'schen Konservatoriums

in Frankfurt a. M.

zusammengestellt

von

IWAN KNORR

Leipzig

Druck und Verlag von Breitkopf & Härtel

1903

Vorwort.

Bei einem Gespräche über theoretischen Unterricht sagte Meister Brahms mir einmal mißmutig: »Ach was, Harmonie! Das kann man so — oder man lernt es doch nicht!« Eine zwanzigjährige Praxis hat mir bewiesen, daß — ein wenig Übertreibung abgerechnet — viel wahres in diesem Ausspruch liegt. Das Gefühl für Recht und Unrecht auf dem Gebiete der Harmonik sollte angeboren sein, es läßt sich verfeinern und schärfen, aber nicht schaffen, wo es fehlt. Dem wahrhaft begabten Schüler bringen die Gesetze der Harmonie nur Bestätigung, deutliche Aussprache dessen, was er längst, wenn auch dunkel und unklar, gefühlt hat. Wie viele der vorhandenen Harmonielehren legen denn die ewigen Gesetze aller harmonischen Verbindung, die sich aller Freiheiten und Kühnheiten ungeachtet in ihren Grundzügen von Bach bis auf Wagner unverändert erhalten haben, klar und deutlich dar? Geben sie nicht zumeist an Stelle weniger »Gesetze« eine Unzahl von »Regeln«, die jedes Schaffen vereiteln würden — wenn man sie befolgte!

Seit Moritz Hauptmann ist eine Anzahl scharfsinniger Köpfe an der Arbeit, um vom wissenschaftlichen Standpunkte aus das Dunkel zu lichten, das gewisse Partien der Harmonik noch immer verhüllt. Die Resultate dieser Bestrebungen sind von Interesse und Nutzen für den reifen Künstler, der Anfänger weiß wenig damit zu beginnen, ihm geht zunächst Können vor Wissen. Das Können erringt man nur durch emsige Arbeit an möglichst vielen und vielseitigen Beispielen.

Ein Blick in die meisten Harmonielehren zeigt, daß hier der Stoff für die so notwendigen Übungen nicht zu finden ist. Allüberall starren uns gleichförmige Reihen »bezifferter Bässe« entgegen, Fundamente für eine Musik, der jeglicher melodische und rhythmische Reiz abgeht. Wie dem Instrumentalisten trockene Fingerübungen nicht erlassen werden können, so muß auch der angehende Harmoniker Ähnliches auf seinem Gebiete durchkosten, ehe er sich zur Freiheit und Schönheit durchringt, er sollte aber nicht ausschließlich mit dieser Kost genährt werden. Immer wieder sei ihm dazwischen Gelegenheit gegeben bei der Bearbeitung geschlossener Melodien die bereits erworbenen Ausdrucksmittel in freier Wahl zu verwenden, zur Ausbildung und Verfeinerung seines Geschmacks. Das mechanische Verwandeln gegebener Ziffern über einem Basse in entsprechende Noten dient zur Erreichung dieses wesentlichsten Zieles des ganzen Unterrichts nur in ganz geringem Maße. Die Tatsache, daß der Unmusikalische nicht im Stande sein wird diesen Forderungen zu genügen ändert nichts an der Berechtigung und Notwendigkeit derselben.

Bei den vorliegenden Aufgaben ist der Schüler gehalten die harmonischen Verbindungen auf die mannigfaltigste Weise zu bewerkstelligen. Er hat bezifferte Bässe auszusetzen, nach gegebenen Stufen und Akkorden Sätze zu bilden und Melodien mit Harmonie zu versehen. Von unbezifferten Bässen und gegebenen Mittelstimmen ist abgesehen worden, da diese Übungen in das Gebiet des Kontrapunktes gehören. Bei den gegebenen Stufen fehlt mitunter die Angabe der Akkorde um dem Studierenden Gelegenheit zu eigener Initiative zu geben. Die Melodien enthalten entweder die genaue Bezeichnung der zu verwendenden Stufen und Akkorde, oder nur die Angabe der ersteren, bei noch anderen endlich hat der Schüler selbst nach eigenem Ermessen die passenden Harmonien aufzusuchen. Es ist selbstverständlich nicht nötig, sämtliche in einer Aufgabe enthaltenen Beispiele durchzuarbeiten, in den meisten Fällen wird eine Auswahl genügen. Die Reihenfolge der Aufgaben mag je nach Bedürfnis gewisse Änderungen erfahren. Es wird sich z. B. empfehlen, die letzten Aufgaben, in welchen weitgehende Modulationen geübt werden sollen um Eintönigkeit zu vermeiden durch Arbeiten anderer Art (Choräle und Anderes) gelegentlich zu unterbrechen.

Die Aufgaben jeder Gattung sind samt und sonders ohne Benutzung des Klaviers auszuarbeiten, alsdann jedoch wiederholt durchzuspielen, wobei die Klangwirkung auf das Sorgfältigste zu beachten ist. Man behandle die Arbeiten hauptsächlich als Chorsätze und halte jede Stimme innerhalb ihrer natürlichen Grenzen. Der Lehrer korrigiere die häuslichen Arbeiten nicht am Tische, sondern spiele sie am Klavier, damit alle Anwesenden aus den Fehlern oder Vorzügen derselben Nutzen ziehen können. Um das Auffassungsvermögen der Lernenden zu schärfen, spiele man kürzere, dem jeweiligen Stande der Ausbildung entsprechende Sätze vor und lasse sie nach dem Gehör notieren, oder man schreibe dergleichen Sätze auf und lasse sie aus dem Gedächtnis nachschreiben und nachspielen.

Da ich mit meinem Werke nicht die Zahl der bereits existierenden Harmonielehren vermehren wollte, habe ich im allgemeinen von Erklärungen abgesehen, sie finden sich nur dort, wo sie mir zum Verständnisse der Aufgabe unumgänglich schienen. Man wird in denselben das Bestreben, auch die komplizierteren Zusammenklänge auf wenige, möglichst einfache Grundformen zurückzuführen wohl nicht verkennen.

Abweichende Anschauungen anderer sollen indessen durch das Buch nicht beeinflußt werden — es ist vor allem bestimmt eine, hoffentlich nicht unerwünschte, Ergänzung der Lehrmittel zu bilden.

Iwan Knorr.

Inhalt.

Übungen mit Benutzung der Harmonien auf der I., IV. und V. Stufe der Tonart.

Aufgabe 1a. Notiere die Dreiklänge der I., IV. und V. Stufe in Dur und Moll in sämtlichen engen, weiten und einigen gemischten Lagen.

Beispiel: *G* V enge 5. Lage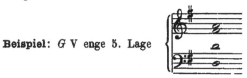

Anmerkung: Falls ausnahmsweise nicht der Grundton, sondern ein anderes Intervall des Akkordes verdoppelt wird, soll diese Verdoppelung angegeben werden, z. B.:

(gemischte Lage) *G* V (mit verdoppelter 5).

Aufgabe 1b. Notiere Dreiklänge mit Auslassung der Quint und Verdreifachung des Grundtones.

Aufgabe 2. Verbinde die Dreiklänge der I–IV und I–V Stufe in verschiedenen Lagen.

1. *Es* V–I		5. *Des* I–IV–I	
2. *H* I–V		6. *A* I–V–I–IV–I	
3. *d* I–IV		7. *C* IV–I–V	
4. *b* IV–I		8. *gis* V–I–IV–I	

Anmerkung: Die großen Buchstaben bedeuten Dur, die kleinen Moll. Diese, wie alle ähnlichen Übungen sind bei zunehmender Sicherheit im Satze von dem Schüler auch am Klavier auszuführen.

Aufgabe 3. Verbinde die Dreiklänge der IV. und V. Stufe mit einander.

1. *G* IV–V
2. *F* I–IV–V–I
3. *cis* IV–V–I
4. *es* I–V–I–IV–V–I
5. *D* V–IV–I

6. *C* V–I–IV–V–I!
7. *h* I–V–IV–I
8. *g* I–IV–V–I
9. *Fis* IV–V–I
10. *E* I–V–I–IV–V–I

Aufgabe 4. Notiere die erste Umkehrung (Sextakkord) der Harmonien auf der I., IV. und V. Stufe in verschiedenen Tonarten und Lagen.

Beispiel: *G* V⁶  usw.

Aufgabe 5. Verbinde Dreiklänge und Sextakkorde der Hauptstufen (I, IV, V) untereinander.

1. *A* I⁶–IV
2. *As* I–V⁶
3. *g* I⁶–V
4. *fis* I⁶–IV⁶–V–I
5. *F* IV–I⁶–IV–V–I

6. *E* I–V⁶–I–I⁶–V
7. *es* IV⁶–I–V⁶–V–I
8. *d* IV⁶–V–I
9. *Des* V–I⁶–IV
10. *C* I–I⁶–IV⁶–V–I

Aufgabe 6. Bilde das dissonierende Hauptintervall (die verminderte Quinte auf der VII. Stufe oder ihre Umkehrung) in Dur und Moll mit seiner normalen Auflösung.

Z. B. *As* dur: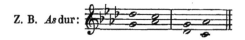

Aufgabe 7a. Bilde Dominant-Septakkorde in Dur und Moll in verschiedenen Lagen und löse sie in die tonische Harmonie auf.

Anmerkung: Zunächst führe man die Stimmen, welche das dissonierende Hauptintervall enthalten in der vorgeschriebenen Weise fort, alsdann gebe man den übrigen Stimmen die nächstliegenden Töne der tonischen Harmonie, vermeide jedoch die Verdoppelung der Terz darin.

Beispiel: $B\,V_7$, 5 Lage

$B\,V_7$ I

Aufgabe 7b. Bilde Dominant-Septakkorde mit Auslassung der Quint und Verdoppelung des Grundtones und löse sie auf.

Beispiel: $B\,V_7$, 3 Lage

$B\,V_7$ I

Aufgabe 8. Notiere die Umkehrungen des Dominant-Sept-akkords ($^6_5$, $^4_3$ und 2) in Dur und Moll samt ihrer normalen Auflösung.

Beispiel: $B\ V^2$

V^2 I^6

Aufgabe 9. Setze bezifferte Bässe mit Benützung sämtlicher bisher erklärten Harmonien vierstimmig aus.

Aufgabe 10. Bilde nach gegebenen Stufen und Akkorden vierstimmige Sätze in verschiedenen Taktarten.

Beispiel: C I V², I⁶ I, V⁶ V⁷, I

Ausführung:

C I   V²   I⁶   I   V⁶   V⁷   I

1. *fis* I–V$_5^6$, I–IV, V–V$^{4}_3$, I

2. *g* I–IV⁶, V–I, IV–V₇, I

(³/₄ Takt) 3. *gis* I–V$^4_3$, V$_5^6$ I, IV–IV⁶–V₇, I

(³/₄ Takt) 4. *a* I⁶–I–V$_5^6$, I–V²–I⁶, IV–V₇, I

5. *b* IV, I⁶–V$^4_3$, I–IV⁶, V, I

6. *F* I–V, IV–I, IV–V, I

7. *E* I⁶–V$_5^6$, V$^4_3$–I, IV–V⁷, I

8. *Es* I, V⁶–V⁷, I–I⁶, IV–V₇, I

9. *D* V⁶, I–I⁶, IV–I⁶, V$^4_3$–V₇, I

10. *Des* I–V², I⁶–IV⁶, V–V₇, I.

Anmerkung: Bei den Kommas in obigen Beispielen ist bei der Ausführung ein Taktstrich zu setzen.

Aufgabe 11. Setze zu gegebenen Melodien die vorgeschriebenen Harmonien.

Z. B. Gegebene Melodie:

Ausführung:

Aufgabe 12. Setze zu gegebenen Melodien die bisherigen Harmonien in freier Wahl.

Anmerkung: Bevor man dem Schüler die Ausarbeitung der folgenden Aufgaben überläßt, mache man ihn auf die Notwendigkeit einer guten und fließenden Führung des Basses aufmerksam.

Die harmoniefremden Töne.

Da die Terminologie in Bezug auf die nicht direkt zur Harmonie gehörigen Töne sehr schwankend ist, hält der Verfasser es für angezeigt die vom ihm angenommene Art der Bezeichnung zu erläutern.

1. Gebundener, eigentlicher Vorhalt. (Ein Ton der einen Harmonie bleibt liegen und klingt in die folgende hinein.)

2. **Vorausnahme oder Anticipation.** (Eine Stimme geht bereits in die folgende Harmonie über, indess die anderen noch in der bisherigen verharren — das Gegenbild des Vorhaltes).

3. **Freier Vorhalt oder Nebenton.** (Ein dem eigentlichen Akkordton vorausgehender, neben demselben auf einer benachbarten Stufe liegender Ton. Der Nebenton wird häufig chromatisch erhöht, wenn er von unten kommend zum Akkordton führt.)

4. **Durchgangston.** (Ein Ton, der die Lücke zwischen zwei wesentlichen Tönen einer und derselben oder verschiedener Harmonien ausfüllt).

5. **Wechselnote.** (Ein Ton, welcher vorübergehend mit einem Akkordton wechselt. Er wird stets auf einer anderen Stufe notiert wie der eigentliche Akkordton. Die Wechselnote unter dem Akkordton wird, ähnlich dem Nebenton, oftmals chromatisch erhöht.)

In der praktischen Komposition werden die harmoniefremden Töne oftmals in sehr freier Weise verwendet. Es ist unmöglich diese Fälle alle zu rubrizieren, einige der bekanntesten mögen hier angeführt werden.

1. Zwischen den Vorhaltston und seine Auflösung wird ein anderer Ton eingefügt.

2. Die Vorausnahme kann anstatt stufenweise eingeführt zu werden, sprungweise auftreten.

3. Es können mehrere Nebentöne unmittelbar auf einander folgen.

4. Die Lücke zwischen zwei Akkordtönen kann durch mehrere Durchgangstöne hintereinander ausgefüllt werden. Die Ausfüllung ist bisweilen unvollständig, so daß ein Durchgangston sprungweise fortschreitet.

5. Es folgen bisweilen mehrere Wechselnoten unmittelbar aufeinander bevor der eigentliche Akkordton auftritt. Mitunter unterbleibt die direkte Auflösung der Wechselnote, ein Fall, der auch bei der Anwendung des Nebentones nicht selten ist.

Der Verfasser hält es für notwendig den Schüler schon frühzeitig mit den harmoniefremden Tönen, wenigstens in regelmäßiger Anwendung bekannt zu machen. Ohne die Kenntnis dieser Töne hält es schwer die Melodie selbst des einfachsten Volksliedes in musikalisch befriedigender Weise zu bearbeiten. Bei zunehmender Sicherheit im Satze mögen alsdann auch die komplizierteren, freieren Anwendungsformen geübt werden.

Aufgabe 13. Füge zu gegebenen Harmonien in einer oder mehreren Stimmen harmoniefremde Töne und erläutere dieselben.

Aufgabe 14. Der in der Kadenz zwischen den Akkorden der IV. und V. Stufe häufig vorkommende Quartsextakkord der ersten Stufe wird meist treffender als Akkord der V. Stufe mit harmoniefremden Tönen zu bezeichnen sein. Bei dieser Annahme fällt eine Reihe der üblichen Regeln für seine Anwendung fort.

In den Beispielen a und b enthält der Dominatakkord einen harmoniefremden Ton, im Beispiel c deren zwei.

Bilde in verschiedenen Lagen und Tonarten Kadenzen mit Benutzung des Quartsextakkords der ersten Stufe. (Akkord der V. Stufe mit zwei harmoniefremden Tönen.)

Beispiel:

Aufgabe 15. Bilde Kadenzen mit Hinzufügung harmoniefremder Töne in verschiedenen Stimmen.

Beispiel:

Aufgabe 16. Füge zu den nachfolgenden Melodiefragmenten passende Harmonien. Die gegebenen Töne sind teils als Akkordtöne, teils als harmoniefremde Töne zu verwenden.

Beispiel: Gegebene Töne:

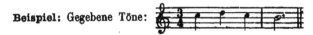

Ausführung:

In *C*, *F*, *B* und *d* moll. In *fis*, *h* und *A* dur. In *As* und *Des*.

In *G* und *e* moll. In *Es*, *B* und *c* moll.

Aufgabe 17. Harmonisiere gegebene vollständige Melodien.

a) Melodien mit Angabe der Stufen und Akkorde.

Anmerkung: Bei der Bearbeitung der vorstehenden Aufgaben mag der Schüler bei passender Gelegenheit harmoniefremde Töne im Baße oder den Mittelstimmen anwenden. Die in den Melodien enthaltenen harmoniefremden Töne sind durch Kreuzchen bezeichnet.

b) Melodien mit Angabe der zu verwendenden Stufen (Harmonien). Die Wahl der einzelnen Lagen und Umkehrungen ist dem Schüler überlassen, die harmoniefremden Töne sind nicht bezeichnet.

c) Melodien ohne Angabe der zu wählenden Harmonien.

Anmerkung: Um den Anfänger allmählich an die Harmonisierung reicher verzierter Melodien zu gewöhnen, empfiehlt es sich ihn die vorstehenden Aufgaben zunächst in der jedesmal unter b gegebenen einfacheren Fassung (ohne harmoniefremde Töne) bearbeiten zu lassen. Er möge alsdann versuchen die gefundenen Harmonien in passender Weise den unter a notierten Melodien unterzulegen.

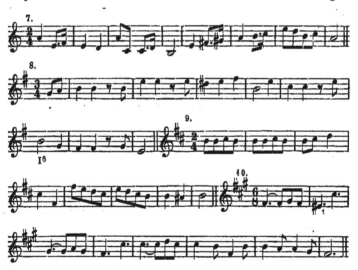

Aufgabe 18. Bilde die Dreiklänge der II., III. und VI. Stufe der Durtonarten in verschiedenen Lagen.

Aufgabe 19. Bilde die Umkehrungen (6 und $\frac{6}{4}$) der genannten Dreiklänge.

Aufgabe 20. Bilde die Dreiklänge und ihre Umkehrungen auf der II. und VI. Stufe der Molltonart.

Anmerkung: Den verminderten Dreiklang auf der II. Stufe in Moll wird man gewöhnlich vorteilhafter durch seine erste Umkehrung ersetzen. Im übermäßigen Dreiklang der III. Stufe wird sich in den meisten Fällen die dissonierende Quinte als ein aufwärtsstrebender harmoniefremder Ton erweisen. Man hat es alsdann im Grunde mit dem Sextakkord der ersten Stufe zu tun.

Aufgabe 21. Bilde vierstimmige Sätze mit Anwendung der Harmonien II, III und VI nach bezifferten Bässen.

Aufgabe 22. Bilde nach gegebenen Stufen und Akkorden vierstimmige Sätze in verschiedenen Taktarten. (Vergleiche die 10. Aufgabe.

1. *F* dur I–VI, II–V$_7$, I

2. *d* moll I–V$\overset{4}{3}$, I–VI, IV–V^7, I

3. *B* dur I–III–IV, II–V, I–V$\overset{4}{3}$, I

4. *g* moll I–V^6, I–VI, IV–V^7, I

5. *Es* dur I–V$\overset{6}{4}$–I^6, IV–II, I$\overset{6}{4}$ V, I

6. *c* moll I–IV, V–VI, IV–V, I

7. *As* dur I–VI, III$\overset{6}{4}$–VI^6, II–V^7, I

8. *f* moll I–II^6, I^6–IV, I$\overset{6}{4}$–V, I

Anmerkung: Alle Beispiele dieser Gattung sind zunächst in einfachen Akkorden auszuarbeiten, alsdann nehme man sie nochmals auf und füge an passender Stelle harmoniefremde Töne hinzu.

Aufgabe 23. Wie aus den obigen Beispielen ersichtlich ist, kann in der Kadenz häufig der Akkord der II. Stufe an die Stelle des Unterdominantakkordes treten. Beide Harmonien können vereinigt werden, sie bilden alsdann den sogenannten »Akkord mit hinzugefügter Sext $\left(\text{II}_5^6\right)$«. Es empfiehlt sich aus praktischen Gründen den Schüler schon jetzt, vor der Betrachtung der Nebenseptimen-Akkorde, mit dieser Möglichkeit bekannt zu machen, zumal die Anwendung dieses Akkordes dem Schüler so manchen schwierigen Fall wesentlich erleichtert. Die »hinzugefügte Sext« kann in jeder Stimme, auch im Basse, auftreten.

Bilde den Akkord der IV mit hinzugefügter Sext $\left(\text{II}_5^6\right)$ in verschiedenen Tonarten und Lagen und schreibe Kadenzen mit Anwendung dieses Akkordes.

Aufgabe 24. Harmonisiere die nachstehenden Beispiele mit Anwendung der Nebendreiklänge und ihrer Umkehrungen.

a) Melodien mit Angabe der anzuwendenden Nebendreiklangsharmonien.

b) Melodien ohne Angabe der zu wählenden Harmonien.

Aufgabe 25. Bilde Dreiklänge und Septakkorde auf der VII. Stufe in Dur und Moll, (verminderter Dreiklang, kleiner und verminderter Septakkord), samt den Umkehrungen dieser Akkorde und löse sie in die tonische Harmonie auf.

Anmerkung: Es ist dem Schüler bei der Verbindung dieser Akkorde gestattet 1. die Terz der tonischen Harmonie zu verdoppeln, 2. unter Umständen von der normalen Auflösung des dissonierenden Hauptintervalles abzuweichen.

Aufgabe 26. Bilde Dominantnonenakkorde und Umkehrungen in Dur und Moll und löse sie in die tonische Harmonie auf. (Vierstimmig mit Auslassung der Quinte).

Anmerkung: Die None wird sich in einer großen Anzahl von Fällen als einfacher Nebenton zur Oktav erklären lassen, sò daß eine eigentliche Notwendigkeit für die Annahme eines selbständigen Nonenakkordes kaum besteht. Ein Gleiches gilt für den Undezimen- und Terzdezimenakkord, auch hierbei lassen sich die dem Septakkord hinzugefügten Töne als »harmoniefremd« auffassen.

Der Dominantseptakkord und die in dieser und der vorigen Aufgabe erwähnten Akkorde werden dissonierende Hauptakkorde genannt, allen gemeinsam ist das dissonierende Hauptintervall (h—f in Cdur).

Beispiel 1 ist ungenügend, da es unlogisch ist Nebenton (None) und Akkordton in derselben Oktave gleichzeitig zu bringen, außerdem fehlt ein wichtiger Ton des dissonierenden Hauptintervalls (h). Beispiel 2 bringt als Auflösung einen mehrdeutigen Akkord ($^6_4$), der hier nicht befriedigend wirkt. Im 3. Beispiele fehlt einer der wesentlichen Töne (f), der darin vorkommende Akkord ist ein Dreiklang mit einem Nebenton vor der Oktave.

Aufgabe 27. Bilde vierstimmige Sätze nach den gegebenen bezifferten Bässen mit Anwendung sämtlicher dissonierenden Hauptakkorde.

Aufgabe 28. Bilde vierstimmige Sätze nach gegebenen Stufen und Akkorden.

1. E I VII^6, VI$^6_4$ II$^6_3$, V V^7, I | 5. D I V^2, VII$^6_3$ I^6, II$^6_3$ V, I

2. cismoll I VII^7, V$^6_3$ I, II$^6_3$ V, I | 6. $h$moll I V^9, I VI, IV V$_7$, I

3. A I IV, V^9 I, II V$^6_5$, I | 7. G I VI, VII$^6_4$ I^6, II V, I

4. fismoll I VII$^6_3$, I^6 I, II$^6_3$ V, I | 8. $e$moll I V$^6_5$, I I^6, IV V^7, I

Aufgabe 29. Harmonisiere gegebene Melodien mit Anwendung sämtlicher dissonierender Hauptakkorde und ihrer Umkehrungen.

Melodien ohne Angabe der zu wählenden Harmonien.

Aufgabe 30. Bilde Septakkorde und Umkehrungen auf der I., II., III., IV. und VI. Stufe in Dur und Moll (Nebenseptakkorde).

Anmerkung: Dem mit dem Wesen der harmoniefremden Töne vertrauten Schüler wird die Anwendung der Nebenseptakkorde keine erheblichen Schwierigkeiten verursachen, da er die Septime in den meisten Fällen als einen harmoniefremden Ton (Durchgang, Nebenton usw.) ansehen kann.

$G\,dur$ II^7 I^7 IV_7 III^7 VI^7

Im vorstehenden Beispiele sind die Nebenseptakkorde auch ohne besondere Regeln über ihre Einführung und Auflösung leicht zu behandeln wenn man sich den obigen Satz aus einer Abkürzung des unten folgenden entstanden denkt.

u.s.f.

Es ist durchaus überflüssig für jeden Nebenseptakkord eine bestimmte Auflösung vorzuschreiben. Betrachtet man den Nebenseptakkord als Dreiklangsharmonie mit einem harmoniefremden Ton, so ist als Folge jeder in guter Stimmführung erreichbare andere Akkord der Tonart zulässig.

Aufgabe 31. Bilde vollständige Dominantseptakkorde in Dur und Moll und löse in die VI. Stufe auf (Trugfortschreitung).

Beispiel:

Bei 1. regelmäßige Auflösung des dissonierenden Hauptintervalles und Terzverdoppelung im nächsten Akkord. Bei 2. Vermeidung der Terzverdoppelung durch freiere Auflösung des dissonierenden Hauptintervalles. Beides ist dem Schüler auf dieser Entwickelungsstufe zu gestatten.

Aufgabe 32. Bilde nach den gegebenen bezifferten Bässen einstimmige Sätze mit Anwendung der Nebenseptimen-Harmonien.

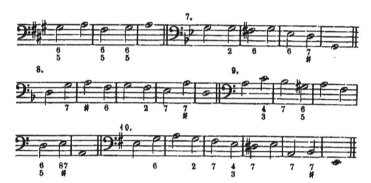

Aufgabe 33. Bilde vierstimmige Sätze nach gegebenen Stufen und Akkorden. (Nebenseptakkorde und Trugfortschreitung V_7 I).

1. *A* I–V_7, VI–II$_7$, I$\overset{6}{4}$–V_7, I

2. *E* I–VI, III–III^2, VI$\overset{6}{5}$–II^2, V$\overset{6}{5}$–I^2, IV$\overset{6}{5}$–II$\overset{6}{5}$, I$\overset{6}{4}$–V_7, I

3. *H* I^6–V, I$_7$–IV, II–VI, II$\overset{6}{5}$–V, I

4. *Fis* I–V_7, VI–I$\overset{6}{5}$, IV–V_7, I

5. *fis* I–V, III^7–VI, II^7–V_7, I

6. *cis* I^6–I, VI^7–II$\overset{6}{5}$, I$\overset{6}{4}$–V^7, I

7. *gis* I–IV^6, II$\overset{6}{5}$–V_7, VI–II$\overset{6}{5}$, II$_7$–V_7, I

8. *dis* I–IV$\overset{6}{5}$, II$\overset{6}{5}$–I^6, II$\overset{4}{3}$–V_7, I.

Aufgabe 34. Bearbeite die nachfolgenden Melodien vierstimmig mit Anwendung der Nebenseptakkorde und der Trugfortschreitung des Dominantseptakkordes (V_7–I).

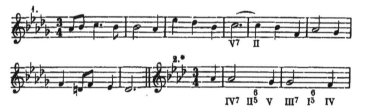

* Die Nebenseptakkorde dieses Beispiels sind, wie so häufig, einfacher und besser als abgekürzte Fassungen einer Folge von Dreiklangsharmonien mit harmoniefremden Tönen zu denken.

entstanden aus:

Diese Abkürzungen oder Veränderungen sind analog denjenigen, die wir uns bei'm Gebrauche der Muttersprache gestatten. (»Ich hatt' 'nen Kameraden«).

Modulationsübungen.

Wir unterscheiden zwischen direkter und indirekter Modulation, Die direkte (einfache) Modulation verbindet zwei Tonarten ohne Benützung von Zwischentonarten. Die indirekte (zusammengesetzte) Modulation führt über eine oder mehrere dazwischen liegende Tonarten an das Ziel.

1. Direkte Modulation.

A. Modulatien in nächstverwandte Tonarten.
B. Modulation in enferntere Tonarten.

A.

Bei der direkten Modulation wird die gesuchte neue Tonart durch einen ihrer Kadenzakkorde (IV, V oder I) eingeführt. An die Stelle der IV. Stufe kann wie bisher die II. treten, ebenso kann die V. durch die VII. und sehr häufig die I. durch die VI. wirksam ersetzt werden. Dieses Verfahren ermöglicht den bequemen Übergang von jeder Dur- und Molltonart in die nächstverwandten Tonarten. Sollte die neue Tonart nicht ausgeprägt genug erscheinen, so ist der Schluß in derselben zu erweitern.

Aufgabe 35. Modulation durch die I. (VI) Stufe der neuen Tonart.

Bilde nach gegebenen Stufen und Akkorden vierstimmige Sätze mit Modulationen in die nächstverwandten Tonarten.

1. Cdur $\quad$ I–VI $\rbrace$
   $\qquad\quad a$ I, $\rbrace$ $\quad$ VI–IV, I$^6_4$–V, I

2. $C \qquad$ I–IV $\rbrace$
   $\qquad\quad F$ I, $\rbrace$ $\qquad$ IV–V, I

3. $C \qquad$ I–V $\rbrace$
   $\qquad\quad G$ I $\rbrace$ $\quad$ II$^6_5$–V$_7$, I

4. $C \qquad$ I–III $\rbrace$
   $\qquad\quad e$ I, $\rbrace$ $\quad$ II$^6_5$ V, I

5. $C \qquad$ I–VI, II $\rbrace$
   $\qquad\qquad d$ I $\rbrace$–II, I$^6_4$–V$_7$, I

6. $a$moll $\quad$ I–C I, II$^6_5$–V, I

7. $a \qquad$ I–VI $\rbrace$
   $\qquad\quad F$ I, $\rbrace$ $\quad$ IV–V$_7$, I

8. $a \qquad$ I–e I, II$^6_5$–V, I

9. $a \qquad$ I–IV $\rbrace$
   $\qquad\quad d$ I $\rbrace$ $\quad$ IV–V$_7$, I

10. $a \qquad$ I–G I, IV–V$_7$, I

11. $G \qquad$ I–I^6, II$^6_5$–V $\rbrace$
    $\qquad\qquad D$ I, $\rbrace$ $\quad$ II$^6_5$–V$_7$, I

12. $D \qquad$ I–V$^6_5$, I–II $\rbrace$
    $\qquad\qquad G$ VI, $\rbrace$ $\quad$ II–V$_7$, I

13. *A*   I–V^2, I^6–IV, VI }
          fis I }–II^6_5, I^6_4–V^7, I

14. *E*   I–VI, II^6 }
          fis I^6 }–II^6, I^6_4–V^7, I

15. *H*   I–VI, III^6 }
          dis I^6 }–II^6_5, I^6_4–V^7, I

16. *esmoll* I–V^6_5, I–*Ges* I, II^6_5–V^7, I

17. *b*   I–V^4_3, I–*f* I^6, II_7–V_7 I

18. *f*   I–VI, IV }
          b I }–VI, II^6_5–V^7, I

19. *c*   I–IV^6 }
       As VI^6, } II–VI^6_4, II^6_5–V, I

20. *g*   I–IV^6, *F* I–IV^6, I^6_4–V_7, I.

Aufgabe 36. Modulation durch die V. (VII.) Stufe der neuen Tonart. Bilde nach gegebenen Stufen und Akkorden vierstimmige Sätze mit Modulationen in die nächstverwandten Tonarten.

1. *C*   I–*a* V^4_3, I–II^6, I^6_4–V^7, I

2. *C*   I–*F* V^6_5, I–IV, II^4_3–V_7, I

3. *C*   I–*G* V_7, I–I^6, II^{61}_5–V_7, I

4. *C*   I–*d* VII^7, I–VI, II^6_5–V_7, I

5. *C*   I–V, *e* V^4_3–I, IV–V_7, I

6. *a*   I–*C* V^7, I–VI, IV–V, I

7. *a*   I–*d* V^2, I–IV, I^6_4–V_7, I

8. *a*   I–*e* V, I–IV, I^6_4–V_7, I

9. *a*   I–*F* V^4_3, I–VI, IV–V_7, I

10. *a*   I–*G* V^6_5, I–I^6, II^6_5–V_7, I

11. *Fis* I–VI, *H* V^4_3–I, II^6–V, I

12. *Des* I–*As* V^2, I^6–IV, I^6_4–V_7, I

13. *As* I–V, I–*f* VII^6_5, I^6–IV, I^6_4–V_7,–I

14. *Es* I–V, *g* V^4_3–I, II^6_5–V_7, I

15. *B*   I–*c* VII^7, I–VI, II^6–V, I

16. *e*   I–*G* VII⁶, I⁶–IV, I$^6_4$–V⁷, I

17. *h*   I–IV, *fis* VII⁷–I, II$^6_5$–V₇, I

18. *fis* I–*D* V$^4_3$, I–IV, I$^6_4$–V₇, I.

19. *cis* I–IV, *H* V²–I⁶, II⁷–V⁷, I

20. *gis* I–VI, *cis* V$^4_3$–I, II$^6_5$–V⁷, I.

Aufgabe 37. Modulation durch die IV. (II.) Stufe der neuen Tonart.

Bilde nach gegebenen Stufen und Akkorden vierstimmige Sätze mit Modulationen in die nächstverwandten Tonarten.

1. *C* I–VI, II }
   a IV }–II₇, I$^6_4$–V₇, I

2. *C* I–VI }
   G II, } V$^6_5$–I, II$^6_5$–V₇, I

3. *C* I–*F* II, V$^6_5$–I, II$^6_5$–V, I

4. *C* I–*e* II$^6_5$, I$^6_4$–V, I

5. *C* I–*d* II$^6_5$, I$^6_4$–V, I

6. *a* I–*C* II$^6_5$, I$^6_4$–V⁷, I

7. *a* I–*e* II⁷, I$^6_4$–V⁷, I

8. *a* I–VI, *d* IV–V, I

9. *a* I–IV, *F* II$^6_5$–V, I

10. *a* I–*G* II², V$^6_5$–I, IV–V₇, I

11. *F* I–V⁶, I–II }
    d IV,} I$^6_4$–V, I

12. *B* I–IV, I–*d* II⁶, I$^6_4$–V₇, I

13. *Es* I–IV, *f* IV–I$^6_4$, II$^4_3$–V, I

14. *As* I–V⁵, I–*Des* II, II$^6_5$–V, I

15. *Des* I⁶–*As* II$^6_5$, I$^6_4$–V⁷, I

16. *d* I–VII⁷, I–*F* II$^6_5$, I$^6_4$–V₇, I

17. *g* I–IV, *Es* II⁶–VI$^6_4$, II⁷–V, I

18. *c* I–*B* II², V$^6_5$–I, II$^6_5$–V, I

19. *f* I–VII⁷, I–*c* II$^4_3$, I$^6_4$–V⁷, I

20. *b* I–VI, *es* IV–V, I

Aufgabe 38. Harmonisiere die nachfolgenden Melodien mit Anwendung der bisher erlernten Modulationsmittel.

Aufgabe 39. Harmonisiere die nachfolgenden Volkslieder.

Anmerkung: Der Verfasser hat bisweilen Veränderungen mit dem Notentexte der Volkslieder vorgenommen, um dem Schüler die Bearbeitung zu erleichtern.

Aufgabe 40. Setze Choralmelodien vierstimmig aus.

Anmerkung; Da im Choralsatze Verbindungen entfernter Tonarten für gewöhnlich nicht vorkommen, ist der Schüler durch die
Lösung der vorhergehenden Aufgaben genügend für diese Arbeiten
vorbereitet. Da sich bei dem Aussetzen der Choralmelodien mehr
wie je Gelegenheit zu gewählterer, feiner Harmonisierung bietet,
verdienen diese Übungen ganz besondere Beachtung.

Der Schüler gebe zunächst Rechenschaft über den Modulations-
plan. Ehe man den eigentlichen Satz beginnt, sind die Schlüsse
bei den einzelnen Ruhepunkten (Fermaten) zu bestimmen.

Im Choral finden sich vorzugsweise die drei folgenden Schluß-
formeln:

1. Ganzschluß (vollkommen oder unvollkommen, mit oder
ohne vorhergehende vollständige Kadenz).

2. Halbschluß.

3. Trugschluß (auf der VI. Stufe).

Für gewöhnlich kommen mithin in Betracht die Schlüsse auf
den Stufen I, V oder VI in der Grundtonart, oder in der durch
Modulation erreichten neuen Tonalität.

Die Art der melodischen Wendung bei der Fermate entscheidet
über die Wahl des Schlusses. Man denke sich an Stelle der Fermaten die in der Schriftsprache gebräuchlichen Interpunktions-
zeichen. An den Stellen, bei welchen man den Punkt setzen
würde, ist der Ganzschluß mit vorhergehender vollständiger Kadenz
anzuwenden, für das Komma wähle man eine der andern Arten
zu schließen.

Betrachten wir zur Verdeutlichung des Gesagten den Anfang
des Chorals: ›Nun danket alle Gott‹.

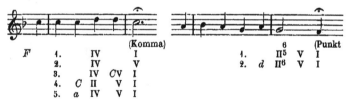

			(Komma)				6	(Punkt
F	1.	IV	I		1.		II⁵ V	I
	2.	IV	V		2.	*d*	II⁶ V	I
	3.	IV	*C*V	I				
	4.	*C* II	V	I				
	5.	*a*	IV	V	I			

Ist unsere Empfindung, es bei der ersten Fermate mit einem
›Komma‹ zu tun zu haben, die richtige, so wird der vollständige
Schluß in *C*dur (Nr. 4) am wenigsten sinngemäß erscheinen und
die anderen Schlußarten werden vorzuziehen sein, mit Ausnahme
der 5. Art, bei welcher die fremde Tonart *a*moll verfrüht erscheint.

Bei der zweiten Fermate macht sich in der Wendung nach *d*moll (Komma an Stelle des Punktes) der Zwiespalt zwischen Melodie und begleitender Harmonie besonders geltend.

Da jede wirkliche Melodie auf einer vernünftigen harmonischen Basis beruhen muß, hat der Schüler diese bei der Bearbeitung der Choräle zunächst aufzusuchen. Ist die Harmonie durch Angabe der Stufen und Tonarten bestimmt, so bilde man danach zu jedem Absatze des Chorals einen fließenden Baß und füge alsdann die Mittelstimmen hinzu.

5. Herr, ich habe mißgehandelt.

6. Gott des Himmels und der Erden.

7. Straf mich nicht in deinem Zorn.

8. Ach Gott und Herr.

9. Ach wie nichtig.

10. Nun ruhen alle Wälder.

11. Erhalt uns Herr bei deinem Wort.

12. O Jesu Christ, du höchstes Gut.

13. Jesu meine Freude.

*IV von *d* moll mit erhöhter (dorischer) Sext.
(Vergleiche Seite 55.)

14. Valet will ich dir geben.

15. Allein Gott in der Höh' sei Ehr.

16. Keinen hat Gott verlassen.

17. O Traurigkeit.

18. Meinen Jesum laß ich nicht.

19. Ach Gott, wie manches Herzeleid.

20. Wo Gott zum Haus.

21. O Lamm Gottes, unschuldig.

— 49 —

22. Nun komm, der Heiden Heiland.

23. O Herzensangst.

24. Jesus, meine Zuversicht.

* Siehe Anmerkung zu Nr. 13.

25. Wachet auf, ruft uns die Stimme.

26. Herr, straf mich nicht in deinem Zorn.

* Siehe Nr. 13 u. 24.

Knorr, Aufgabenbuch.   4

27. Herr Jesu Christ, du hast bereit.

28. Sei Lob und Ehr dem höchsten Gut.

29. Ein feste Burg ist unser Gott.

30. Wer nur den lieben Gott läßt walten.

Anmerkung: Neben der Arbeit an den vorstehenden Beispielen mag der Schüler die folgenden vier Aufgaben zu lösen beginnen.

Akkorde mit veränderten (erhöhten oder erniedrigten) Tonstufen.

In der neueren Harmonik ist das Bestreben die Stufen einander möglichst zu nähern, den Ganztonschritt durch den diatonischen oder chromatischen Halbtonschritt zu ersetzen, unverkennbar. Eine Folge davon war die Einführung des Leittons in die älteren Kirchentongeschlechter und die allmähliche Umwandlung dieser in das moderne Dur- und Mollgeschlecht. Fernerhin erscheinen die chromatisch alterierten Stufen bei gewissen Wechselnoten, Nebentönen und Durchgängen. Wir können infolgedessen, auch ohne eigentliche Modulation, die meisten Stufen der Tonart gelegentlich erniedrigen oder erhöhen. Es ist aber außerdem möglich, derart alterierte Stufen als wirkliche Akkordtöne anzuwenden und damit die Zahl der einer und derselben Tonart zugehörigen Harmonien wesentlich zu vermehren. Schon bei Bach finden sich Spuren dieses Verfahrens, seit Beethoven treten aber bestimmte, immer wiederkehrende chromatische Veränderungen gewisser Tonstufen derart häufig in der musikalischen Praxis auf, daß es nicht angänglich erscheint, dieselben bei dem theoretischen Studium unbeachtet zu lassen.

1. Alterierte Akkordtöne in Dur.

Man findet in Dur besonders häufig die Erniedrigung der VI. Stufe, *as* anstatt *a* in *C*dur. Hierdurch verwandelt sich der Akkord der Unterdominante in einen Mollakkord.

Die erniedrigte VI. Stufe kann nicht nur, wie hier, die ursprüngliche Terz einer Harmonie ersetzen, sondern ebensowohl als Quint, Septime, None und auch als Grundton gebraucht werden.

4*

Wird die erniedrigte VI. Stufe einer Harmonie als Grundton
unterlegt, so entsteht z. B. in *C*dur der dissonierende Akkord
as-c-e. Die Dissonanz (*as-e*) wird gewöhnlich zur Konsonanz (*as-es*)
gemildert, man erniedrigt also in diesem speziellen Falle gleichzeitig
die III. Stufe der Durtonart.

Ähnlich verfährt man bisweilen bei dem Akkord der II. Stufe,
(*dfas*) indem man zugleich mit der VI. auch die II. Stufe der Tonart erniedrigt (*des f as*).

Aufgabe 41. Setze bezifferte Bässe mit Anwendung der oben
genannten Harmonien vierstimmig aus.

Aufgabe 42. Harmonisiere Melodien mit Benützung der Akkorde mit alterierten Stufen.

Akkorde mit veränderten (erhöhten oder erniedrigten) Tonstufen.

(Fortsetzung.)

2. Alterierte Akkordtöne in Moll.

1. Die erniedrigte II. Stufe.
2. Die erhöhte VI. Stufe (sogenannte dorische Sext).
3. Die natürliche (nicht als Leitton gebrauchte) VII. Stufe.

Die erniedrigte II. Stufe (*b* anstatt *h* in *a*moll) ergibt einen Durrakkord an Stelle des verminderten Dreiklangs. Durch die Erhöhung der VI. Stufe (*fis* anstatt *f* in *a*moll) bildet sich auf der IV. Stufe ein Durakkord, auf der II. ein Mollakkord. Man kann dem Unterdominantakkord bisweilen eine Septime hinzufügen, Bach gebraucht diese Harmonie nicht selten in der Form des Sekundakkords.

Durch Anwendung der natürlichen VII. Stufe (*g* anstatt *gis* in *a*moll) ensteht an Stelle des schwer zu verwendenden übermäßigen Dreiklangs ein Durdreiklang auf der III. Stufe. Er schreitet besonders natürlich zum Akkord der IV. Stufe fort, ohne indessen ausschließlich an diese Folge gebunden zu sein.

Anmerkung: Im Beispiel 3b ist die natürliche VII. Stufe der Molltonart als Bestandteil einer Septimenharmonie benützt. Das bereits früher über die Nebenseptakkorde Gesagte findet auch auf diesen Fall Anwendung, man kann die Stelle als eine abgekürzte Fassung des Beispiels 3c ansehen. Die Nebenseptimen-Harmonie im Beispiel 2b gestattet eine ähnliche Erklärung.

Aufgabe 43. Setze bezifferte Bässe mit Anwendung der oben genannten Harmonien vierstimmig aus.

Aufgabe 44. Harmonisiere Melodien mit Benutzung der Akkorde mit alterierten Tonstufen.

Anmerkung: Bei den mit NB. bezeichneten Stellen sind die genannten Akkorde anzuwenden.

Tabelle der Dreiklangsharmonien mit natürlichen und alterierten Tonstufen in Dur und Moll.

I. Durgeschlecht.

II. Mollgeschlecht.

Der **Durdreiklang** findet sich demnach:

in Dur auf den Stufen: I, II (erniedrigt), IV, V, VI (erniedrigt)
in Moll auf den Stufen: II (erniedrigt) III (mit natürlicher VII. Stufe der Tonart), IV (mit dorischer Sext), V und VI.

Der **Molldreiklang** ist anzutreffen:

in Dur auf den Stufen: II, III, IV (mit erniedrigter VI. Stufe),[VI
in Moll auf den Stufen: I, II (mit dorischer Sext), IV.

Aufgabe 45. Bestimme auf Grund obiger Tabellen, zu welchen Tonarten beliebig gegebene Dur- und Molldreiklänge gezählt werden können.

Modulationsübungen (vergl. Aufgabe 35).

(Fortsetzung.)

Direkte Modulation.

B. Modulation in entferntere Tonarten.

Mit Zuhülfenahme der Akkorde mit alterierten Tonstufen lassen sich in der bisher geübten Weise viele nicht näher miteinander verwandte Tonartem direkt verbinden. Einige dieser Übergänge werden, durch eine bloße Akkordfolge dargestellt, unbefriedigend und übereilt erscheinen. Die Schroffheit solcher Modulationen wird sich in der praktischen Komposition durch längeres Festhalten der einzelnen Harmonien und andere Mitlel meist mildern lassen. Bei Tonarten, welche der direkten Verbindung widerstreben, wird im Übrigen die später zu betrachtende indirekte (vermittelnde) Modulation anzuwenden sein.

Aufgabe 46. Modulation durch die I. (VI.) Stufe der neuen Tonart.

Bilde nach gegebenen Stufen und Akkorden vierstimmige Sätze mit Modulationen in entferntere Tonarten.

Anmerkung: Akkorde mit alterierten Stufen sind durch (a) über der römischen Ziffer bezeichnet.

1. C I–E I, $\overset{(a)6}{II^5}$–V^7, I

2. C I^6–Fis I, $\overset{0}{IV}$–V$_7$, I

3. C I–$\overset{(a)}{VI}$ } As I, } II^5_6–V$_7$, I

4. C I–$\overset{(a)}{IV}$ } As VI, } II^5_6–V$_7$, I

5. C I–A I, $\overset{(a)}{IV}$–V$_7$, I

6. C I–B I^6, $\overset{6}{II^5}$–V, I

7. C I–B VI, $\overset{6}{II^5}$–V$_7$, I

8. C I–$\overset{(a)}{VI}$ } f I, } IV–V$_7$, I

9. C I–g I, $\overset{6}{II^5}$–V, I

10. C I–b I^6, b I–VI, $\overset{6}{II^5}$–V^7, I

11. a I^6–b I, $\overset{6}{V^5}$–I, $\overset{6}{II^5}$–V$_7$, I

12. a I–g I^6, $\overset{4}{II^3}$–V^7, I

13. a I–V } gis VI, } IV–V^7, I

14. a I–B I, VI–IV, $\overset{6}{I^4}$–V^7, I

15. a I–H I, IV–I^6, II^7–V^7, I

16. a I–D I, IV^6–V I

17. a I–E I, $\overset{(a)6}{II^5}$–V$_7$, I.

Aufgabe 47. Modulation durch die V. (VII) Stufe der neuen Tonart.

Bilde nach gegebenen Stufen und Akkorden vierstimmige Sätze mit Modulationen in entferntere Tonarten.

1. C I–VI } Des V, } III–I, IV–V^7, I

2. C I–D V^7, VI–IV, I_4^6–V^7, I

3. C I–Es V^7, I–IV, I_4^6–V^7, I

4. C I^6–E VII$_7$, (a) I–IV^6, (a) I_4^6–V^7, I

5. C I–Fis V^2, I^6–IV, I_4^6–V^7, I

6. C I–As V$_3^4$, I–I^6, IV–V^7, I

7. C I–B V$_5^6$, I–VI, II_5^6–V, I

8. C I–H VII$_7$, (a) I–IV^6, (a) I_4^6–V, I

9. C I–VI } cis V, } I–VI, II_5^6–V$_7$, I

10. C I–f V$_5^6$, I–IV, I_4^6–V^7, I

11. C I–fis V^2, I^6–IV, I_4^6–V^7, I

12. C I–g V, I–VI, II_5^6–V^7, I

13. C I–b V^6, I–VI, II_5^6–V^7, I

14. a I–B V, I–VI, II–V, I

15. a I–D V^2, I^6–IV, I_4^6–V$_7$, I

16. a I–Es V^2, I^6–IV, I_4^6–V^7, I

17. a I–E V, I^6–IV, I_4^6–V^7, I

18. a I–b V, I–VI, II–V, I

19. a I–c V^5, VI–IV, I_4^6–V, I

20. a I–g V^5, I–VI, II_5^6–V$_7$, I

Aufgabe 48. Modulation durch IV. (II.) Stufe der neuen Tonart.

Bilde nach gegebenen Stufen und Akkorden vierstimmige Sätze mit Modulationen in entferntere Tonarten.

1. C I–D IV, I_4^6–V, I

2. C I–VI } Es IV, } I_4^6–V, I

3. C I–IV } Es II, } V–I, II_5^6–V^7, I

4. C I–VI } E IV, } I_4^6–V, I

5. C I–IV } E II, } V_3^4–I^6, II_5^6–V^7, I

6. C I–Fis VI, II–V^7, I

7. C I–V } Fis II, } V_5^6–I, II_5^6–V^7, I

8. C I–As II^6, I_4^6–V^7, I

9. C I–II } A IV, } I_4^6–V^7, I

10. C I–III } H IV, } I_4^6–V^7, I

11. C I–f IV^6, II_5^6–V, I

12. C I–V } fis II, } V_5^6–I, II_5^6–V, I

13. C I–VI } g II, } V_3^4–I^6, II_5^6–V^7, I

14. C I–h IV, I_4^6–V, I

15. a I–III $\Big\}$ $\overset{\text{(a)}}{h}$ II, $\Big\}$ $\overset{4}{V^3}$–I⁶, IV–V⁷, I

16. a I–fis II⁶, I⁴–V, I

17. a I–III $\Big\}$ g IV, $\Big\}$ V^2–I⁶, II⁵–V, I

18. a I–III $\Big\}$ H II, $\Big\}$ $\overset{4}{V^3}$–I⁶, IV–V⁷, I

19. a I–Es VI, IV–V⁷, I

20. a I–III $\Big\}$ E VI, $\Big\}$ II⁵–V, I

21. a I–VI $\Big\}$ E II, $\Big\}$ $\overset{4}{V^3}$–I⁶, II⁵–V⁷, I

»Alterierte« Akkorde.

In einigen Lehrbüchern werden unter dieser Bezeichnung solche Akkorde verstanden, deren Töne in einer und derselben Tonart nicht vorkommen können. Zur Erklärung dieser Akkorde wird das »übergreifende« System herbeigezogen. Sie sind nicht mit den vor der 41. und 43. Aufgabe besprochenen Akkorden mit veränderten Tonstufen zu verwechseln, welche nur aus Tönen bestehen, welche innerhalb einer Tonart möglich sind. Über die Anzahl der existierenden »alterierten« Akkorde herrscht Meinungsverschiedenheit; einige Theoretiker nehmen deren nur 3 an (a moll: $f\ a\ dis$, übermäßiger ₆ Akkord, $f\ a\ c\ dis$, überm. ⁶₅ Akkord, $f\ a\ h\ dis$, überm. ³₄ Akkord) und verweisen sie in die Molltonart, mit der Bestimmung, daß ihre Auflösung direkt oder indirekt in die Dominantharmonie zu erfolgen habe. Die lebendige Kompositionspraxis fügt sich indessen diesen Anordnungen durchaus nicht immer und beschränkt sich ebensowenig auf diese wenigen »alterierten« Akkorde.

Gleich der erste der in Frage kommenden Akkorde, der übermäßige Sextakkord $f\ a\ dis$ ist weder an die Tonart a moll, noch an die geforderte Auflösung in die Dominantharmonie gebunden.

Die in der jeweiligen Tonart nicht direkt vorhandenen Töne sind chromatische Durchgänge, welche dem Bestreben, die Tonstufen einander mehr zu nähern, Ganztonschritte durch Halbtonschritte zu ersetzen, ihr Dasein verdanken. Daß der eigentliche, normale Akkordton dabei nur als gedacht vorausgesetzt werden muß, mag die Auffassung erschweren, kann sie aber nicht ändern. Der Akkord mit alterierten Tönen gilt uns in harmonischer Beziehung genau als das, was er ohne dieselben bedeuten würde.

In den vorstehenden Beispielen ist der Akkord *f a dis* anstatt in *a*moll in *E*dur (ebensowohl in *e*moll möglich) und *F*dur angewendet. Die Fassung unter *b* stellt die normale Gestaltung der betreffenden Harmonie dar, bei *c* ist der Ganztonschritt durch den chromatischen Durchgang ausgefüllt, der Akkord bei *a* stellt gewissermaßen eine Abkürzung von *c* dar. Mit gleicher Leichtigkeit und Berechtigung läßt sich unter Anderem der Akkord *f a dis* in *A*dur, *D*dur, *G*dur usw. anwenden. Die Fortschreitung aller auf die eben gezeigte Art entstandenen Akkorde ist allerdings infolge der erhöhten oder erniedrigten gewissen Tonstufen zustrebenden Töne nicht derart ungehindert, wie sie es ohne dieselben wäre, indessen werden auch hierbei gewisse Licenzen zulässig sein.

Die durch die quintenhafte Fortschreitung der' beiden Ober-
stimmen unangenehm wirkende Folge bei *a*, wird hier vorteilhaft
durch die abgekürzte Fassung bei *b* ersetzt.

Aufgabe 49. Bilde Folgen von Akkorden und ersetze bei
denselben Ganztonschritte durch Halbtonschritte.

Beispiel:

$$C\ V^{\frac{4}{3}}\quad I$$

Anmerkung: Bei der Lösung dieser Aufgaben hat der Schüler
mehr wie je das Gehör und den guten Geschmack zu Rate zuziehen.
Er hüte sich den Wert dieser so leicht auf mechanischem Wege
hervorzubringenden Kombinationen zu überschätzen und wähle nur
diejenigen aus, die von guter Wirkung sind. Selbst die letzteren
wird der gesund und natürlich empfindende Komponist nicht an-
einander häufen, da ihr Mißbrauch dem gebildeten Hörer peinlich
werden muß.

Modulationsübungen.
(Fortsetzung.)

Mit den in den Aufgaben 35—37 und 46—48 gegebenen An-
weisungen sind die Mittel zur direkten Modulation (Herbeiführung
eines Kadenzakkordes der gesuchten Tonart) erschöpft, indessen
können einige derselben in ausgesprochener Weise zur Anwendung
gelangen. Man kann anstatt von der tonischen Harmonie u.
A. von der Dominantseptimen-Harmonie ausgehen und diese in
einer Trugfortschreitung zu einem Akkorde der zweiten Tonart
führen. Letzterer kann häufig wiederum einer Dominantseptimen-
Harmonie angehören.

Aufgabe 50. Moduliere durch Trugfortschreitung des Dominantseptakkordes, z. B. von *C* V_7 in alle übrigen Dur- und Molltonarten.

Beispiel:

$$C\ V_7\ Fis\ V^{\frac{4}{3}}$$

Durch den verminderten Septakkord der VII. Stufe, der nach den Ausführungen vor der 41. Aufgabe auch in der Durtonart gebildet werden kann, läßt sich jede Dur- oder Molltonart mit einer beliebigen andern verbinden. Es gibt nur drei dem Klange nach verschiedene verminderte Septakkorde, die übrigen stellen sich als enharmonische Verwechselungen derselben dar. Jede Dur- oder Molldreiklangs-Harmonie läßt sich mehr oder minder leicht mit jedem dieser drei Akkorde verbinden, wenn man von enharmonischen Verwechselungen einzelner Töne derselben Gebrauch macht. Da jeder von ihnen durch enharmonische Verwechselungen aus einem Septakkord in einen $\frac{6}{5}$, $\frac{4}{3}$ oder 2 umgewandelt werden und demnach auf vier verschiedene Tonarten bezogen werden kann, ergibt sich die Möglichkeit in $3 \times 4 = 12$ Tonarten zu modulieren.

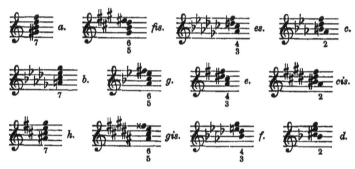

Anmerkung: Die Verknüpfung sehr weit von einander abliegender Tonarten wird wie im nachfolgenden Beispiele, so auch in vielen andern unbefriedigend wirken. Vergleiche das vor Aufgabe 46 über derartige Modulationen Gesagte. Daß es möglich sei, eine mit der folgenden fast vollständig übereinstimmende Modulation nicht nur zu gebrauchen, sondern außerdem zu wundervoller Wirkung zu bringen, hat Beethoven in der vierten Symphonie (I. Satz, gegen Ende der Durchführung) bewiesen.

Beispiel:

Aufgabe 51. Moduliere mit dem verminderten Septakkord oder seinen Umkehrungen zwischen beliebigen Dur- und Molltonarten.

1. *C* – *cis*	7. *Ges* – *f*	13. *c* – *Des*	19. *fis* – *g*
2. *Cis* – *e*	8. *G* – *As*	14. *cis* – *Es*	20. *g* – *a*
3. *D* – *gis*	9. *As* – *C*	15. *d* – *Fis*	21. *as* – *c*
4. *Es* – *h*	10. *A* – *Es*	16. *dis* – *A*	22. *a* – *es*
5. *E* – *c*	11. *B* – *G*	17. *e* – *Cis*	23. *ais* – *fis*
6. *F* – *es*	12. *H* – *B*	18. *f* – *E*	24. *h* – *gis*

Modulationsübungen (vergl. Aufgabe 35).
(Fortsetzung).

2. Indirekte (zusammengesetzte) Modulation.

Diese Art und Weise von einer Tonart in andere überzugehen unterscheidet sich in nichts Wesentlichem von den bisher erwähnten Modulationen; sie entsteht aus der Kombination mehrerer direkter Modulationen. Das einfachste Verfahren dabei ist das folgende: man berührt die zwischen dem Ausgangspunkte und dem Ziele liegenden Tonarten der Reihe nach im sogenannten Quinten- oder Quartenzirkel und macht in der zu erreichenden Tonart Kadenz. Aus Gründen der Stimmführung ist es vorteilhaft, immer je zwei Akkorde zu einem Sequenzgliede zu gruppieren.

Beispiel: *C—H.*

| *C* I | *G* I | *D* I | *A* I | *E* I | *H* I | IV | V₇ | I |

Anmerkung: Es ist keineswegs nötig, die letzte Tonart durch ihre I. Stufe einzuführen. Man kann im vorstehenden Beispiele den 3. Takt überspringen, der Akkord *E* I wird alsdann gleichzeitig die Bedeutung von *H* IV haben.

Aufgabe 52. Moduliere durch den Quintenzirkel von einer Tonart in die andere.

1. *C* − *Des*	5. *E* − *Cis*	9. *as* − *F*
2. *Des* − *F*	6. *F* − *E*	10. *a* − *Des*
3. *D* − *As*	7. *fis* − *g*	11. *B* − *h*
4. *Es* − *Ces*	8. *g* − *es*	12. *H* − *g*.

Die rasche Aufeinanderfolge von lauter tonischen Dreiklängen, wie in der vorhergehenden Aufgabe, ist musikalisch wenig befriedigend. Trotzdem ist diese Modulationsweise nicht absolut zu verwerfen, da man in der freien Komposition über Mittel verfügt, diese üble Wirkung zu mildern. Die Modulation durch den Quintenzirkel kann aber, selbst durch bloße Akkordreihen dargestellt, von besserem Effekt sein, wenn man anstatt lauter tonische Dreiklänge zu geben, eine Reihe von Harmonien in leitereigene verwandelt.

Beispiel:

Aufgabe 53. Verbessere die zur vorhergehenden Aufgabe gelieferten Beispiele in der vorstehend angegebenen Weise.

Aufgabe 54. Bilde nach gegebenen Stufen und Akkorden vierstimmige Sätze, welche zusammengesetzte Modulationen enthalten.

1. C I–D V, I–E V, I–H V^7, I

2. G I–I^6, IV$^{(a)}$ $\Big\}$ –V, I–I^6, IV$^{(a)}$ $\Big\}$ –V$_7$, I
   B II
   Des II

3. D I–V^7, G V^7–C V^7, Fis V$^4_3$–I^6, II$^6_5$–V^7, I

4. A I–I^6, V–Des V$^4_3$, I–I^6, V–F V^7, I–VI, II$^6_5$–V^7, I

5. E I, V^2–fis VII$^6_5$, I^6–fis I, V^2–gis VII$^6_5$, I^6–I $\Big\}$
   Es IV,$^{(a)}$ $\Big\}$ I^6–V^7, I

6. H I–$\overset{(a)}{\text{VI}}$ }
      C V, } I–$\overset{(a)}{\text{VI}}$ }
         Des V, } I–b $\overset{4}{V^3}$, I }
            As II } –V$_7$, I

7. Ges I–V }
      f VI, } I–V }
        e VI, } II$^{\overset{6}{3}}$–V^7, I

8. Des I–As V^7, I–$\overset{(a)}{\text{VI}}$ }
        H IV, } I$^{\overset{6}{4}}$–V^7, I

9. As I–V }
     G $\overset{(a)}{\text{VI}}$, } $\overset{(a)6}{}$ II$^{\overset{6}{3}}$–V, I–e $\overset{4}{V^3}$, I–C $\overset{6}{V^3}$, I }
                             G IV } –V^7, I

10. Es I–V$_7$, a $\overset{4}{V^3}$–I, E V–A $\overset{(a)}{\text{VII}_7}$, I–$a$ $\overset{\#6}{IV^3}$, I$^{\overset{6}{4}}$–V$_7$ A I

11. B I–V^2, Es $\overset{6}{V^3}$–as V^2, as I^6–H V^2, E $\overset{6}{V^3}$–A V^2, I^6–IV,
    I$^{\overset{6}{4}}$–fis VII$^{\overset{6}{3}}$, I }
             E II } –V^7, I

12. F I–I^2, VI }
        C II } –V^7, H I$^{\overset{6}{4}}$–V^2, E $\overset{(a)}{\text{VII}^7}$–I, $\overset{(a)\#6}{\times4}$ II 3–I$^{\overset{6}{4}}$, II$^{\overset{6}{3}}$–V^7, I

Anmerkung: $\overset{(a)\#6}{\overset{\times4}{\text{II 3}}}$ = E II$^{\overset{6}{3}}$ = ,

$\overset{(a)6}{\overset{4}{\text{II}^3}}$ = , $\overset{(a)\#6}{\overset{\times4}{\text{II 3}}}$ =

13. a I–VI, B I–VI, Es I–IV, I$^{\overset{6}{4}}$–V$_7$, I

14. d I^6–g VII^7, I–c VII$^{\overset{4}{3}}$, I^6–f VII^7, I–b VII$^{\overset{4}{3}}$, I^6–IV, As I^6–IV, I$^{\overset{6}{4}}$–V^7, I

15. g I–V, }
      fis VI, } I–V } I$^{\overset{6}{4}}$–V^2, I^6–Es II$^{\overset{6}{3}}$, I$^{\overset{6}{4}}$–V^7, I
         As IV, }

16. c I–V$_7$, H I$^{\overset{6}{4}}$–V^2, I^6–IV, fis $\overset{6}{V^3}$–I, cis I$^{\overset{6}{4}}$–V$_7$, I

17. f I–VI, es II$^{\overset{\flat6}{\overset{4}{3}}}$–V, I–VI, Des $\overset{(a)}{\text{VII}}$–I, h VII^7–I, fis I$^{\overset{6}{4}}$–V^7, Fis I

18. b I–$\overset{(a)}{As}$ V$_7$, I–I^6, }
        cis V–V^6, } I–H V$_7$, I–e $\overset{6}{V^3}$, I–F V$_7$, I–IV, d II$^{\overset{6}{3}}$–V^7, I

5*

19. *dis* I–VI }
   E V, } I–*a* $\overset{6}{V^3}$, I–VI, $\overset{(a)}{II}$–V⁷, I.

20. *gis* I–*cis* V², I⁶–IV, *D* I–IV, $\overset{6}{I^4}$–V⁷, I.

21. *cis* I–V }
   c VI, } IV–V }
      h VI, } IV–V, I–IV, *G* II⁶–V, I.

22. *fis* I–VI }
   g V, } I–VI }
     gis V, } I–*E* $\overset{4}{V^3}$, I }
        H IV } –V⁷, I

23. *h* I–*G* $\overset{4}{V^3}$, I–*fis* VII⁷, I–*Cis* V⁷, I

24. *e* I–*F* V⁷, *d* $\overset{6}{V^3}$–I, *C* $\overset{(a)}{VII^7}$–I, *G* $\overset{6}{I^4}$–V, I.

Aufgabe 55. Verbinde nach angegebenem Plan zwei Tonarten durch zusammengesetzte Modulation.

1. *C* –Des–Es–Ges	13. *a* –b –D –gis
2. *Des*–c –b –G	14. *e* –h –Es –a
3. *D* –Fis –H –F	15. *h* –c –E –b
4. *Es* –H –e –B	16. *fis*–d –F –h
5. *E* –Es –B –A	17. *cis*–dis –Fis–c
6. *F* –Ges–Es–c	18. *gis*–e –G –cis
7. *Fis* –H –C –e	19. *es* –f –As –d
8. *G* –Es –D –B	20. *b* –Ges–a –es
9. *As* –cis –e –F	21. *f* –G –b –E
10. *A* –F –e –H	22. *c* –As –h –F
11. *B* –e –c –G	23. *g* –A –c –Fis
12. *H* –A –G –F	24. *d* –cis –G –As

Anmerkung: Die angegebenen Tonarten sollen bei der Modulation berührt werden, das Einschieben noch anderer zum Zwecke besserer Verbindung ist gestattet.

Aufgabe 56. Verbinde zwei beliebige Tonarten (Dur oder Moll) durch zusammengesetzte Modulation nach eigenem Plane.

Aufgabe 57. Sätze die nachfolgenden Melodien, welche zum Teil weitgehende Modulationen enthalten vierstimmig aus.

1. C

Anhang. (Musterbeispiele.)

1. Aufgabe 17, Nr. 11.

Tempo di Menuetto.

2. Aufgabe 24, Nr. 2.

3. Aufgabe 29, Nr. 7.

4. Aufgabe 29, Nr. 14.

5. Aufgabe 34, Nr. 5.

6a. Aufgabe 35, Nr. 1.

6 b. **Dasselbe figuriert.**

7. Aufgabe 38, Nr. 4.

8. Aufgabe 39, Nr. 8.

9. Aufgabe 40, Nr. 19.

10. Aufgabe 42, Nr. 5.

11. Aufgabe 44, Nr. 7.

12a. Aufgabe 54, Nr. 25.

12b. Dasselbe figuriert.

13. Aufgabe 57, Nr. 3.

Andante.

14. Aufgabe 57, Nr. 8.

Allegro.

CPSIA information can be obtained
at www.ICGtesting.com
Printed in the USA
BVHW040210090221
599706BV00006B/20